Je t'aime, je t'écris

poèmes

précédé de
Le corps de l'amoureuse

Du même auteur

Privilèges de l'ombre, poèmes, Montréal, l'Hexagone, 1961.

Nouvelles (en collaboration avec Jacques Brault et André Major), Montréal, Cahiers de l'AGEUM, 1963.

Délit contre délit, poèmes, Montréal, Presses de l'AGEUM, 1965.

Adéodat I, roman, Montréal, Éditions du Jour, 1973.

Hugo : Amour/crime/révolution, essai sur les Misérables, Montréal, Presses de l'Université de Montréal, 1974. Réédité par les Éditions Nota Bene (Québec), 1999.

L'instance critique, essais, Montréal, Leméac, 1974.

La littérature et le reste, essai (en collaboration avec Gilles Marcotte), Montréal, Quinze, 1980.

L'évasion tragique, essai sur les romans d'André Langevin, Montréal, Hurtubise HMH, 1985.

La visée critique, essais, Montréal, Boréal, 1988.

Les matins nus, le vent, poèmes, Laval, Trois, 1989.

Dans les chances de l'air, poèmes, Montréal, l'Hexagone, 1990.

Particulièrement la vie change, poèmes, Saint-Lambert, le Noroît, 1990.

La croix du Nord, novella, Montréal, XYZ éditeur, 1991.

L'esprit ailleurs, nouvelles, Montréal, XYZ éditeur, 1992.

Le singulier pluriel, essais, Montréal, l'Hexagone, 1992.

La vie aux trousses, roman, Montréal, XYZ éditeur, 1993.

La Grande Langue, éloge de l'anglais, essai-fiction, Montréal, XYZ éditeur, 1993.

Delà, poèmes, Montréal, l'Hexagone, 1994.

Tableau du poème. La poésie québécoise des années 80, essai, Montréal, XYZ éditeur, 1994.

Fièvres blanches, novella, Montréal, XYZ éditeur, 1994.

Roman et énumération. De Flaubert à Perec, essai, Montréal, « Paragraphes », Études françaises, Université de Montréal, 1996.

Adèle intime, roman, Montréal, XYZ éditeur, 1996.

Les épervières, roman, Montréal, XYZ éditeur, 1996.

Le maître rêveur, roman, Montréal, XYZ éditeur, 1997.

Une étude de « Bonheur d'occasion » de Gabrielle Roy, essai, Montréal, Boréal, 1998.

L'inconcevable, poèmes, Laval, Trois, 1998.

Saint-Denys Garneau. Le poète en sursis, récit biographique, Montréal, XYZ éditeur, « Les grandes figures », 1999.

Anne Hébert. Le secret de vie et de mort, essai, Ottawa, Presses de l'Université d'Ottawa, 2000.

Matamore premier, roman, Montréal, XYZ éditeur, 2000.

André Brochu

Je t'aime, je t'écris

poèmes

précédé de
Le corps de l'amoureuse

ÉDITIONS QUÉBEC AMÉRIQUE

329, RUE DE LA COMMUNE OUEST, 3E ÉTAGE, MONTRÉAL (QUÉBEC) H2Y 2E1 (514) 499-3000

Données de catalogage avant publication (Canada)

Brochu, André

    Je t'aime, je t'écris : poèmes ; précédé de, Le corps de l'amoureuse

    (Mains libres #4)

    ISBN 2-7644-0086-1

    I. Titre. II. Titre : Le corps de l'amoureuse. III. Collection.

PS8503.R615J4 2001   C841'.54   C00-942037-1
PS9503.R615J4 2001
PQ3919.2.B76J4 2001

Les Éditions Québec Amérique bénéficient du programme
de subvention globale du Conseil des Arts du Canada. Elles tiennent
également à remercier la SODEC pour son appui financier.

Le Conseil des Arts | The Canada Council
du Canada | for the Arts

Nous reconnaissons l'aide financière du gouvernement du Canada
par l'entremise du Programme d'aide au développement de l'industrie
de l'édition (PADIÉ) pour nos activités d'édition.

Dépôt légal : 4ᵉ trimestre 2000
Bibliothèque nationale du Québec
Bibliothèque nationale du Canada

Mise en pages : André Vallée

Le corps de l'amoureuse

Voie lactée ô sœur lumineuse
Des blancs ruisseaux de Chanaan
Et des corps blancs des amoureuses
Nageurs morts suivrons-nous d'ahan
Ton cours vers d'autres nébuleuses

Guillaume Apollinaire

Sait-on,
sait-on ce qui court
d'un point à l'autre de
notre amour mon
amour, ma
découverte

sait-on
entre les branches
où balbutie parfois
l'aube
avec des sourires de pluie

c'est toi, fille très bleue
ton sourire vêtu de fines dents
d'orage sur le plus fou sacrement
qui luit
tel l'hortensia du plaisir

qui luit
dans le poing de ton amant que je suis
et tu
étincelles, prompte magie
tu es apte au murmure fulgurant
qui fait de toi
ma connivence

ô toi en moi et partout
et la même, corps et

tes seins, tes seins par tout l'air en
masse
tes seins comme une aise lente,
une sûre fontaine.

Sait-on ce qui de toi à moi
fait l'ombre et le babil et le
faufil d'or qui bâtit
notre parole,
toi moi remués au revers
de notre chair
ensemble

parole
jamais reprise
du banc des mots et coutumes,
jamais refaite à l'effigie
des circonstances,
nous sommes la plus étroite
amitié d'âme
et de poignets,
nos sangs croisés
depuis les pieux schismes d'enfance
quand la grâce du lieu nous soustrait
aux politesses du temps

et nous entrons
dans la faste cérémonie
du désir

parfumés et dociles.

Sait-on ce qui
de moi-même à toi étonnée
en ton regard qui me découpe
comme un avatar de la nuit,
sait-on ce qui tremble
et porte le trouble
du mirage nu
pendant que nos corps se révèlent

face effarée
du silence quand
nos yeux luisent
au collier des sorts,
tu brilles
à peau blanche,
à clair de toi
au moment où l'ensorcellement dispose
le champ des petits soupirs
et tout croule, s'écroule
parmi la paille
de nos souffles coupés

tu es là, tu
couds et découds
notre même évidence.

Sait-on jamais
ce qui te prend
à bras le corps quand
ma fureur respire
de haut en bas ta douceur,
pêle-mêle avec ton honneur
et tes neiges parfois très lentes
ou tes avalanches ; sait-on
de quelle poussée l'amour
chavire tes pays,
affouille le lit toujours plus
virginal de tes plus graves joies
de corps,
de chair faite bloc sous
le poing dur de la nuit

ô toi
sous mon courage roux
gratté jusqu'au coup de plaisir
par l'ivresse griffeuse,
toi, rieuse
ravie de tout
dans la lumière du complot
et la charge des doux sanglots

sait-on jamais qui te possède.

Qui t'aime, qui te force
à plein bonheur, sais-tu
cela un jour quand
les daims te font cohorte
entre les masses de roseaux
tout allumés d'yeux de carouges,
et le ciel pèse
sur les vibrants essaims
couvrant ton torse
d'or en colère

j'entrerai dans la fougue
de ton trésor
avec les beaux périls
de notre faim,
je serai dans ton corps
la ruée d'aurore blanche
quand le ciel déclare la lumière
don prandial
et loi du jour,
je t'aurai
sous étreinte
pareille à une cène ocre et bleue,
nous migrerons de ton âme à mon âme.

Et puis on ne sait plus
qui de toi est toi, et qui
de moi fait signe
de vie sous la blanche
tente
des infinis,
nous sommes
la main dans la main des heures,
nous brûlons nos odeurs
entre les pierres
jusqu'à la fin où scintille
le baiser,
et parmi l'herbe drue tes faces
et tes plans inclinent
vers la petite absence
à visage de charmante enfant,
l'absence du regard et du cœur
qui résume parfois la circonstance
où tu te meus

car parfois tu fais faux
bond sais-tu lorsque le corps
s'envole par-dessus
la ligne du désir,
je reste avec mon cœur et mon regard
à l'envers,
et mon regret.

Oui, parfois, sait-on
ce qui se passe entre
l'habitude émue de nos corps
et ton âme qui crie
au secours de ta vie

tu es soudain en désaccord,
je ne trouve plus
sous ma paume rousse et ma joie
ton bûcher de plumes noires
ni l'occasion de la tendresse,
tes palmes de joie se désagrègent,
ton ventre de vent
comme un lit de ruisseau
file avec ses mailles d'eau,
tu es soudain nue entre les draps
et déserte,
ta faille où se forge
mon surcroît de fin dieu
et de fière beauté
se désiste

tu pleures

ta main à plat sur
le lit plat.

Après des nuits tranquilles
et des jours solitaires
où le sable échappé à nos poings
dresse ses monticules
comme des ailes qui poussent
à partir de l'attache,
lissant les malchances
à contresens d'aucun envol,
sait-on parfois ce qui nous vient
et nous tient ligotés
au cœur des mots,
ou nous fait agiter la passion
aux couleurs de petits drapeaux fades

après des nuits tranquilles
où ton corps et mon corps
se sont aimés
comme étrangers

pourtant tu te souvenais de l'éclair
interminable
et du sourire creusé
dans la primeur de nos sangs,
l'éclat fondamental

l'éclat d'os du sourire.

Et puis tu m'as aimé
je crois
et puis tu m'as haï
sur la pierre
que le vent éraflait,
nous étions au sommet de notre jeunesse,
l'insolence en larmes
éteignait nos soupirs

sais-tu pourquoi ton corps
n'était plus notre rendez-vous
ni notre chance
et tu refusais
le grand oiseau aux ailes bâclées
décroché du soleil,
sais-tu
ce qui nous a mis au bord
de la détresse,
toi et moi déchirés
au fer de la même souffrance

mon amour mon échappée,
lit des caresses, train
de tendresses emportées
plus loin que
je t'appelle.

C'est fini le sais-tu,
c'en est assez de nos passions
face à face et de
nos amours courroucées

tu es pourtant devant mon souvenir
la même exultation

dans mes bras, tu pèses
le même poids de beauté
et ta tête
incline sur les saules
avec le frais parfum clair,
avec le cri d'oiseau perché
haut dans les airs
sur nulle branche, rien que dans l'air

et tes seins
sont un même dessin
qui touche l'âme,
et ton âme
vibre tout près

âme pur sang

colonne d'ambre lucide, toi
au vrai cœur de moi.

Peut-être mon désir
méprisait-il l'amour
et se repaissait de chaque
don de ton corps
pour lui-même ton corps

lui-même, bloc de lumière allumée
à la source inassouvie
où les êtres prennent élan
dans les jambes de l'ombre,
lui-même ton corps, mon désir
le chevauche à cru dans les prairies
de faim sauvage
et l'emporte au delà des grands feux
là où la joie
se cambre et crie

sait-on ce qui reste
des bonheurs consumés
quand le vent a dispersé
les balbutiements de tendre cendre,
sait-on qui de vrai subsiste
ou quoi.

C'était bien notre vie
et notre mort,
mais nous ne savons plus
où souffle la brise
porteuse de nos sorts

elle erre quelque part
ou jamais
parmi les ombres
non réconciliées
qui rejouent les amours
à contretemps, dansent
les tangos macabres

tu es perdue, mon Eurydice
au verso des silences,
là où tremble le tain des larmes,
tu ne sais plus où regarder
quand je te demande pitié

mais dis-moi si un jour
je rentrerai dans la faveur
comme une claire chambre
tendue de tes sourires

rien que pour t'aimer, pour
vivre un peu encore.

Et puis comment savoir
ce qui nous désunit
quand nous avons un jour
fait foi de nos amours
et nous étions plus que la forme
de nos matières consacrées
à l'adorable incantation

je te ceignais de ma main brute
et tu fondais en mille fleurs
et nos jonctions recousaient le délire
à douces scansions,
nos nudités une par une,
tes seins de lilas sous mes lèvres,
tes lèvres lampes sur mes yeux
et ton torse tout
fort contre ma
gerbe de paumes

tu étais belle comme Dieu
et j'étais dans tes yeux
semblable à toi,
semblable image
de la nuit et du jour.

Je ne sais plus rien de nous deux,
ma vie. Tu es passée
par le trou de serrure de l'oubli,
indifférente et quotidienne.
Tu es disparue comme
les glaces navrées
de l'hiver.
Un printemps sourit maintenant
de sa bouche cariée. Il fait froid
malgré tout. Le ciel penche.
Qu'est-ce qui reste de la lumière
où paissait notre démence ?
Nous étions échappés du temps.
Maintenant tu as repris la direction
de tes rêves, tu les mènes
au loin. Au plus loin du feu
que nous avons nourri
de nos faims et délires. Tu es
calme, je le sais,
je sais tout de notre défaite.
Je sais à quel bûcher tu brûles
nos promesses.
Nous étions loin de cette conclusion
quand tu criais mes cris, que nos fureurs
faisaient assaut et que le pays
entier de notre chair
gisait écrasé de lumière.
Tu étais soumise alors

à notre joie
comme au seul pardon possible
pour cette faute innée
de respirer contre l'infini.

Je sais, je ne sais plus.
Tu es ma chair volée, envolée
et je suis ton passé. Un jour
le ciel tombera sur nos jours
et les pilera ensemble, pour en extraire
le ferment de la vaste âme éternelle.

Je t'aime, je t'écris

pour Céline, ma vie

Je t'écris pour te dire que je t'aime

Gaston Miron

La haute mer à l'horizon. Son ventre profond d'eau et de sable. Ses secrets bien gardés. Poissons vivants, bêtes mortes à la dérive, carcasses de bateaux, algues noires, jaunes, pourpres, vertes, ses paysages marins, ses routes et ses sentiers d'eau verte, ses lits de sable et de cailloux, ses tables de pierre.

Anne Hébert

Les oiseaux sont partis.
Ils ont laissé là la mer et je m'y cloue,
bien et mal intentionné
entre deux battants — mes ailes.
Fou de vent, la tête
posée contre le jusant.
Le bleu de l'aile bat
contre mon cœur
et je fais le compte
de mes jours sur la terre.
Mes jours heureux parfois
quand l'amour me veillait,
cheveux de soie, sourire
clair. La femme
est un jeune ruisseau
qui mire ses poings d'aube.
Nue. Ses seins
luisent, lunes
de chaude agate
suspendues et mobiles.
Les lunes roulent
sur leur propre lumière. Elles valent
leur pesant de seins d'or.

Je fais le compte
des vagues de la mer
qui battent l'épave ravie —
moi trempé de toute l'eau,
moi noyé d'infini.
Le monde est ma dérive.
Cloué, écorché
de bleus passages,
vert et voué,
je pense que j'ai vécu sans nom
veillant ma flamme dans la nuit
telle une chandelle
qui émet le silence.
L'or et le fil émeraude montaient
charbonner l'ombre,
enchantant à coups de sang
très haut
l'étoile. Femme courbée,
l'amante recevait le reflet
ému et la caresse,
elle était le feu des promesses.
Rien ne reste
de son souvenir,
fors la grâce éternelle.

Nu dans l'eau qui me troue
de clous d'azur,
nu du plein jour qui me délave
comme une marée inlassée,
j'ai l'extrême regret
de Dieu quand le vent baisse.
Il baisse et je me retrouve
ailé contre l'orgueil.
L'aile est une arme brutale
au flanc de la peur pauvre.
L'aile de l'eau rabat
ses solfèges de pierre
et je suis encore
plus nu que mon désir.
J'écris tous les jours que j'existe
à la pointe fine
de la lumière.
Les fées très blanches
m'enlacent. Elles palpitent.
Ma femme est un théâtre
radieux en plein jour.
La joie vive remue.
Dieu n'est plus loin
de sa preuve, jamais.

Blêmement la mer —
son collège de mouettes.
L'eau — lilas
de pauvre aurore.
Trop d'espace gravite
sous la pesante
bête du ciel.
Les chapes claires
tendent l'horizon
de soi à soi, même.
L'infini est pendu
à la particulière
chance de vent.
Ce qui irrite,
ce qui flanche
construit l'émotion
au poing de fer.
Je me souviens
de qui m'aimait
entre les silences,
de son corps divisé
avec chaque aurore
et l'excès de ses larmes
blêmement sur la mer.

Recommencer le temps
depuis sa source
imaginable.
Refaire la nuit debout
où tout a pris
élan de sève.
La simagrée du monde
s'épate
entre tristesse
et ancolie.
Le monde monte
comme un lemming
sur le bout de ses griffes
adorer le mirage.
Dans toutes mes nuits,
l'amour est une femme
pareille aux choses
de soie, aux fourrures
qui brûlent, aux
étincelles cribleuses
en pluie sur
ma vie qui pleure.
Dans tous mes jours,
son corps me mène
au bout du temps.

Le temps passe passablement
lent loin des côtes,
la mer est un dôme lucide
où roule et tangue la mesure
des joies.
Par les hublots de hautes vagues
on voit s'ajuster les rites
de la mort aux prestes nageoires,
glisser les pèlerins
du dos du monde
dans un théâtre d'algues
où parfois se dévoile
le grand sexe des pères.
Mais rien n'égale
la flamme émeraude
de la fente femme
enamourée,
le guet-apens
où se rue mon rêve
de sang cru.
Par tout le corps
je me voue à l'astre
facile de l'eau,
j'épouse l'âme dérivée.

L'oiseau court au massacre
parmi l'embrun.
Les coups de sable s'arc-boutent
en colère de plomb.
Telle la mer cuit
ses façons de prodiges
sous le ciel haut blêmi,
vaste spectacle.
Une voile
virevolte, acculée
au supplice luisant.
Les bécasseaux pourchassent
l'escadrille du vent.
Toi, tiens, souvenir
d'aube mouillée,
toi, souche de rêve
frottée de transe
entre mes vies multicolores,
entre mes mains repeintes
pour t'animer
à fleur de torse
et de baiser,
tu es la marée mariée
à ma faste agonie.

Prendre la mer à contre-
raison et marée, la prendre
dans le sens où la chair
de l'eau
distribue ses courants.
La prendre entre mes cuisses
comme une énorme amante
de nuit et de sel. Et contre
son pouls écarlate,
j'assouvirai la rage
arquée en moi
depuis le silex du désir.
Ô femme cordillère,
géographie de seins
et de gorges, de tunnel
planté droit
dans sa vie et la mienne
quant tout circule
dans l'épaisseur du sang
et le feu de l'à-vif,
ô femme dans l'extrême
assaut des peaux
et des douceurs,
ô rive —
nous chuchotions l'extase.

La femme vire dans l'empoigne du vent.
Nacelle à plein ventre dans l'eau,
proue chevelue de laminaires,
elle avance du flot au flot.
Son ombre perdue vers les grands fonds
escorte le banc des silences.
À plat dans le désir
porteur du monde.
Ses seins de bois luisant lèchent
le jour humide,
pareille mamelle bleue.
Elle s'en va trouver
le corps de plein large,
carré, cotre viril
plus altier que le sang.
Un homme aussi beau que le ciel
épousera ses fuseaux de bois franc
entre des paumes d'ouragan.
Voiles mêlées,
coques fondues,
seins et bouches appariés,
ils nageront de conserve
vers le premier soleil
au bord d'un autre temps.

La mer haute traîne sa lèvre d'eau
sur les galets et les coques
qui s'affaissent, menus trésors
étincelants. La mer
retire son baiser, songe un instant
puis revient embrasser
les pieds du sable. Terre et eau
se conjuguent à lentes embrassades.
La vague bruissante
conquiert les nues
dépressions de la grève,
drainant le large.
Toute la mer vient camper
sur le corps brun
qui chavire, alangui.
Ainsi l'homme et la femme, couple divin,
versent l'un dans l'autre leur joie
de joie, leurs sangs et leurs larmes
de doux amour.
Ils pleuvent
toute leur chair épiphane,
leurs sanglots brusques
et l'orgueil en façon d'enfant
qui d'un seul cri les recommence.

Un homme entouré
de sa femme et d'enfants
avance sur la mer,
pose ses pieds sur l'acier frémissant,
fait reculer
les ennemis de la tendresse,
affirme l'innocence
de sa chair aimantée
vers l'énigme des mondes,
et ses fils
aussi radieux
et ses filles laquées
d'embruns
et sa femme qui penche
sur les pas de la chance
foulant le toit des eaux,
parmi les bécasseaux d'onyx
et les sternes crayeuses,
ils remuent ensemble
le chemin liquide
où s'attroupent les fins requins
et les grands poulpes
qui ne voient passer d'eux
que la plante des pieds.

Quand les portées
se font et se défont
réglant la plage comme une partition
sous les palmes des mouettes,
quand la page se peuple
de neumes bicolores,
de frousses, de chamailles,
l'homme lissé de vent
écartèle sa voix
entre Nord et Sud.
La femme reçoit l'appel
comme un don sauvage
et fier. Elle frémit toute
sous le souffle sonore
qui sculpte sa jeunesse.
Propre au chant
et au murmure indéfini
sous la caresse,
à l'échange franc des salives
quand l'amour furieux
rue et impose
l'intrusion de la joie,
elle crie et tord tous ses sens.

Au bord
de l'inaltérable
mêlée de l'eau,
la femme pense
aux choses une à une
du corps.
Elle pense aux
froncements
de poil et de peau,
aux déclivités
et bombements,
aux anses et aux caps
qui amadouent le vent,
aux poussées de sang
sous la pierre érigée
qui crache ses lichens
à la face du temps.
Venu des vagues
comme un train de lumière,
l'homme au noueux désir
approche de la soif
adorante.
La femme le décore
avec ses sourires de soie.

La mer se lasse de ses jeux
et congédie le sel.
Elle entre dans la patience
de l'ombre millénaire
seulement traversée d'algues.
De bas en haut
les cordes tendent le silence
à la glauque clarté.
Les trompettes entonnent
la louange sacrée
un ton au-dessous
du son le plus grave.
Les dieux bas écoutent
immobiles
la dure mélopée
et rêvent dans leur poing de pierre.
Les grands poissons étincelants
éclatent
en embrasant l'abîme.
L'eau secouée
fuit le lieu d'agonie
où meurt sur son bûcher de chair
l'inconcevable
auteur du monde.

Je n'arrive plus à aimer.
La mer est un métier
qui tisse puis détisse.
Je suis, entre deux vagues,
l'étroite silhouette.
Vague cormoran
sur le flot immobile,
j'assiste à l'étendue.
Aimer, non — je suppose
le corps entier
allumé de sel
puis donné à brûler.
Aimer, non — je devine
la voie sombre et ses
dragons fulminant l'apostrophe
pendant que, de marbre,
maudissant,
les mains plongées dans un essaim
de prunelles et de sauterelles
la fille s'offre à joie,
se faire joie, pendant
que les nuits de la mer
se décomposent
en paradis étroits.

Pierres claires.
L'œil s'y mouille
et s'y terre.
Dans le soleil
elles contrefont le savon
et l'étincelle,
les cœurs d'oiseau
et les sesterces.
Sous la lune, elles luisent
comme des firmaments
échappés des comètes.
Dieu y grave
le chiffre d'autres vies,
d'autres visages.
Les pierres claires enferment toutes
un couple heureux et nu.
La femme y est complice
de l'air, et l'homme
s'ancre à la noire terre.
Tous deux, ils aiment d'amour
la mer en eux. Des milliards
d'astres brûlent dans leurs cheveux
et sur leurs mains
larguées vers le matin.

La lumière se brouille.
On va attendre
les attelages
de l'ouragan.
La forge va venir
assommer l'abîme
à coups de fonte.
L'air
crucifié
tombe des hauts,
bloc descellé.
Rien ne respire
hors les maisons.
Les vagues s'insurgent
depuis l'horizon,
lancent l'assaut
contre les fonds.
Le sommeil a quitté
les esprits de l'espace.
Les pierres et les pensées
sont aux mêmes aguets.
Viennent la rage
et tout le ciel,
couteaux dehors.

À petit feu
d'extrême extase.
L'homme couché en rond
contre la femme
autour l'un et l'autre
du désir.
L'homme avivé
de murmures,
ébloui
de suggestion.
Ellle incante
la chair brute
à même le fond,
à même son sein
qui point,
à même
la marée de son cœur.
Elle pousse
de petits mots
rauques le sang
jusqu'au bout
du plaisir.
L'amour se rompt
en mille do majeurs.

Mer homosexuelle.
Mer rose et soufre, hantée
des soleils rocheux.
Tout est houle. La vie
et la mort ensemble,
agglutinées. L'aurore se pend
au bout du temps.
Des enfants pareils
à des sternes roulent
la plage à la force
de leurs bras maigres.
Mer hétérosexuelle.
Des fêtes
apprivoisent la course
des oiseaux noirs.
On voit les couples de vieillards
mener à terme leur amour
comme une chose fragile
qu'on pousse du bout des doigts
devant, toujours devant,
là où le feu grignote
un ultime fagot.
Le grand instinct des corps
trébuche absolument.

L'instinct est un brasier
    qui se mange à mesure
dans des effarements de lueurs
    imbéciles.
— Voilà! Prends mon cou
    et tords-lui l'éloquence!
— La mer aujourd'hui se jette
    toute parée
sur les autels où l'attend
    le vieil amant noir.
Elle remue ses galets, ses bracelets,
    une escarboucle
et la ferraille des bagues nuptiales.
Un grand émoi dans ses satinettes
qui irradient les parfums intimes,
la mer, la mer, toujours enamourée
roule ses charmes imperturbablement.
Inimitablement elle roucoule
à grande gorge, plus que pigeon.
Ses risques, elle les prend
    à deux mains, oublieuse
de ses devoirs, se met à genoux devant
l'autre, complémentaire. Il la domine
de son savoir cireux qu'il astique
avec feu. Ô dieu valétudinaire!
Elle se fait basse à ses genoux,
    à ses chevilles,
se dépouille de tous ses ornements,
s'avilit en répudiant les antiques
    pudeurs,
se donne sans ménagement. L'amour
cerne d'écume sa tendresse emportée
qui bat et rebat les pieds de peste noire.

Un chuintement,
un brassage retenu.
Tout ce qui roule.
Un émoi d'eau
comme une rue
sous une auto.
La mer fait
ses affaires
seule.
On dirait une mère
qui en secret
secourt son fils,
en tablier, à pas de louve.
On dirait une mère
qui roule la pâte
pour la famille indifférente
et qui regarde
devant soi sur le mur
la misère qui s'écaille.
La mer est une vieille cuisine
où l'eau fait comme chez elle.
La mer est une cuve de sel
où les corps se plongent bouchés
du cul jusqu'aux oreilles.

L'aube déjà. La nuit chancelle.
Au bout des yeux, le jour s'allume.
Nous allons bien exister.
Quelques mouettes crient miracle.
Quant au flot, il s'est retiré.
Je l'entends faire au loin
    ses affaires tranquilles.
La vie livide reprend son train
sous les nuées obsolètes.
C'est l'heure où la femme, éveillée
de chagrin vague, écoute respirer
le mur d'homme à côté.
Il vibre comme un ange
et son sang bourre les coins.
Elle voudrait le modeler
sur son désir, mais déjà
il renâcle. Sa peau rayonne
entre les draps et il impose.
Le jour va le dresser pareil
au matamore. Elle sourit.
Le trésor de ses seins luit
pour rien. Tout son corps
    est une offrande
au dieu connu qui la dédaigne.
Il dort. Il se débat avec ses rêves.
L'existence s'éclaire encore.

La mer est parfois si loin
qu'un immense hiatus la coupe
    du rivage.
Des caravanes de brouillard
campent sur les fonds découverts.
On y voit errer les estivants
tête courbée, en quête
d'orteils semblables aux leurs
ou de galets doux et humbles
comme des cœurs.
Une femme lente
dans sa ratine blanche
louvoie un peu
vers le mâle immobile, garé
face à l'infini gris.
Elle est un château de couleurs
fraîches, ses cheveux
comme une eau douce
attirent la caresse.
Soudain il se retourne, sourit,
laisse en plan l'infini
et fait un pas vers elle.
C'est la rencontre. Ils décident la foudre
en leur faveur. L'honneur
de la plage est sauvé.
Ils vont coucher leur gros bonheur.

Le poème est une parole
inquiète de ses mots.
Il se retourne à mesure
sur leur passage turbulent,
veut les contenir dans le rang.
Mais ils échappent.
Chacun est un enfant
aux yeux sans mesure
comme la mer,
la mer bleue ou verte
ou goémon,
la mer faite
pour rêver l'émotion
en forme de grands sélaciens batailleurs
ou tranquilles.
Quand le poème
se fâche, les mots
rentrent dans le rang
et la mer rétrécit,
devient une écaille de rien
sur la plage,
un miroir sec
qu'un vieux ramasse et dans lequel
on voit passer le temps qui passe.

Les cailloux mâchent la plage
à toutes dents,
le rire aidant.
Les babines d'écume
bordent le cirque
de sable clair.
Quand les oiseaux s'abattent
au milieu du varech,
on dirait que le ciel
laiteux
fait escale.
La mer est un
grand trou mobile
que couvrent des frissons
accourus de partout.
Elle vient jusqu'au sable
porter sa soumission
révocable.
Elle tient à l'homme
un boniment d'épouse
à mailles lâches,
remâche sa promesse
dans un vaste sourire
bruissant de cailloux.

L'adjectif est la chair.
Qui aime, va aux os
par le détour des formes,
des bras languides, du
buste sacripant
avec ses pleins détails,
masses et creusements.
La femme est un sujet
augmenté d'attributs.
À l'homme, il revient
de singer la phrase nue :
sujet, verbe, complément.
La femme va
plus élusive,
moins programmée
pour l'action.
L'être est son but
et elle s'y entend,
comme la pléthorique mer,
à occuper jusqu'aux confins
l'espace de son nom.
Pléonasme sans terme.
Cours et décours
d'innombrables marées.

Qui suis-je, qui
ne m'aime pas?
Quel enfant autrefois
sacrifié aux rites
d'extrême décence?
Devant le plat de l'eau infinie,
j'établis le constat
de la blessure verticale.
Elle va jusqu'au sang
de l'abandon.
Il est si tard pour le pardon.
La souffrance elle-même
rougeoie puis se tait
vers l'horizon. La nuit
décante ses lentes étoiles.
Le vent est noir.
Il chasse devant lui les heures
pendant que la mer se gonfle
et interroge ma tristesse.
Où se passe l'amour?
Je fixe au fond du ciel
les fantômes multicolores
de la clarté du Nord.
Cela s'appelle aussi l'aurore.

Les signes connus
de l'inconnu.
Choses palpables
et détournées
de leur état premier.
La passion les colore
en façon de galets
composant la lumière.
Les pierres arc-en-ciel
issues des entrailles
liquides
disposent des signaux
pour l'envol.
Un astre neuf
au bout de chaque doigt
scintille en direction
du grand livre de l'eau.
La mer éblouie
tourne ses pages
pour un lecteur absent.
Que signifie
l'épopée de varech
sur la plage déserte ?
Que signifie l'en-haut ?

Telle est la mer, que le ciel en pâlit.
Deux jumeaux se nuisent. Plus rien
de vrai ne subsiste
quand le bas imite le haut
et que les deux, ensemble,
        cerclent l'horizon.
La mer est un ciel en plus constant
qui ceinture la Terre.
Elle azure la croûte planétaire,
promeut notre modeste étoile
comme une Salomé nue sous ses voiles
d'opale bleue.
Dans l'espace banal des astres,
la Terre exhibe sa chance d'eau.
Les prunelles de l'univers
se tournent vers le joyau
incomparable de luisance
et de beauté. La mer au doigt
de Dieu fulgure
à l'inverse du ciel,
miroir diurne,
pâle invention de l'air.
L'infini est matière.
L'infini rayonne
sa clarté de magma.

Marcher le vent.
Le vent devant.
Jusqu'au bout de mes dents.
Marcher en mordant dans
la petite joie
sans raison
ni pardon.
Elle me traite
comme un quidam,
elle me siffle un air
sans notes,
me tire au bout
de mes pas
si bien
que je décolle peu à peu,
que j'effleure les galets
du bout des pieds,
mousse de pierre,
que je m'élève doucement
comme la marée monte,
avec parfois un fléchissement,
un regret vers le sable bas
puis c'est le rehaut
en flèche, droit
vers mon triomphe.

Fenêtre vide.
Écran sauvage.
Où sont passés les amoureux
qui menaient paître l'été devant
comme des bergers deux à deux
d'un bout à l'autre de la mer
en foulant les fleurs de silice,
les agates, les cornalines
et tant d'autres splendeurs
de pacotille?
Le magasin des émotions
est fermé. On rentre la plage
jusqu'à la saison propice.
Rien ne reste des visions —
la belle fille que le vent
fait frissonner sous l'enveloppe
de coton, malgré la caresse
de l'amant; ou l'amant
taraudé de désir
et qui pense à rentrer.
Ce beau monde est reparti
vers la ville tout électrique,
loin de la mer qui se replie
entre ses roux boas d'écume.

Toute la mer tonne.
Je l'entends qui profère
sa harangue d'acier.
Je la vois s'aplatir
sur le sable
vaguement rond,
rendre son goémon
avec l'écume,
vomir son hachis de galets.
Ça tourne fort,
l'industrie du spectacle
naturel
avec coups de poing sur la plage
et *da capo* continuel.
Derrière la fenêtre,
je me tiens à l'abri
sagement du tapage.
Toute cette fureur coupée
de moitié rend songeur.
Ici, je suis témoin des choses,
tel un corps à l'ancre
qui jamais ne navigue.
La mer en loques,
pauvresse magnifique,
me clame sa pitié.

Et puis si je navigue
au large de l'effroi,
si je touche au fin bout,
si je sombre au pays
des limandes et des rascasses
parmi leurs plats ébats
et leurs poignées d'épines,
je serai comme Orphée
qui demande Eurydice.
Et quand on me l'aura rendue,
quand dans mes bras
elle tremblera sans arrêt
au choc des souvenirs
et du bonheur soudain,
quand elle se blottira
dans les niches de mon silence,
je sourirai,
je parlerai en elle
ma parole d'amour,
je la prendrai au centre même
de notre réunion
et nous ne quitterons plus
le train d'enfer
de nos tendresses.

Étalement de la lumière.
Qui distinguera le reflux
entre les îles d'eau
et les étangs de sable?
Les goélands en ligne
ont élu domicile
dans leur livrée ronde.
Immobiles sur pattes,
comme cloués.
Cloués à l'eau
qui les reflète
plus réels.
Miroirs d'eux-mêmes
entre leurs ailes
verrouillées.
Ils se tiennent garants
de l'immense.
Sur leur tête, le gris
du ciel et sous leurs pattes
le même gris. Rêver le monde
est leur affaire
de charognards.
Chaque jour, la lumière
les éduque à l'absence.

La mer a tout pris.
Grosse d'orage,
elle malaxe la plage
sans concession,
abandonnant ici
l'arbre mâché,
là briques et mortier.
D'où viennent
les rebuts de la vague?
De quel déluge
sont-ils les retombées?
Quel littoral
autrefois vert
et maintenant parti
à la dérive
ou coulé par le fond
se perd-il en galets
et en tessons,
en épaves sans nom?
La mer a pris la plage
comme un flanc mou de fille
et laissé les débris
de son humeur sauvage
engrosser le rivage.

Les flaques de soleil
éclaboussent la mer
au large. Char de feu,
attelage du prophète.
Les oiseaux piriformes
flottent çà et là,
messies tranquilles.
Un couple à la fenêtre
regarde la grande flambée grise
de l'eau
puis voit le reflet
de ses yeux dans ses yeux
gris comme l'eau
et verts et bruns,
et soudain tout est chair,
clarté de chair,
tout est nu et mouvant
et l'homme devient l'homme
et la femme se pend douce
à son sourire
et il s'embrase en elle
qui pleure aussi,
droite et toute
oui contre lui.

Les oiseaux calés
sur leurs deux pattes
passent le mauvais temps.
L'un parfois, lourd, s'envole
vers nulle part
puis revient prendre place
au point des limbes
de son départ.
Parti pour revenir,
tourner en rond
dans le poing de la pluie.
Mouettes glacées,
goélands débonnaires
transis de sel,
la colonie attend
un officiel absent,
celui qui fait
la pluie et le beau temps.
Quand perce le soleil
et que la pluie
fige à son tour,
mouettes et goélands
placidement poursuivent
leurs songeries de pierre.

La mer est à plat ce matin.
Elle traîne parmi les algues
découragées.
Les oiseaux vont leur train
accoutumé.
Le brouillard masque l'aventure
qui se produit au large,
là où les paquebots fantômes
glissent vers les ports
d'une autre terre.
Le ciel se retient d'ajouter
à la peine du monde
et garde pour lui
la pluie en magasin.
Grise pluie dans le gris
du matin,
elle circule en l'air
puis tombe vers la lune
invisible,
humecte sa vieille
face de corne
et tendrement la débarbouille
comme une aïeule vénérée,
antique mère des marées.

Il y a ceux qui ne reviennent plus
parce qu'ils ont réalisé
leur vie et transporté
leur capital hors du temps
et de l'espace,
absents une fois pour toutes.
Ne reste d'eux que des ombres parfois,
des pensées, des mots
vite échangés
pour que le souvenir demeure,
que la mémoire endosse
le temps passé.
Mais le temps passe,
rien ne résiste à sa poussée
et les pauvres fleurs du regret
sont cueillies par le vent.
Au centre de la mer
on les retrouve en bouquet,
les anémones, les pompons
et les œillets sans âge.
Autour les dauphins dansent
leur danse douce, ressouvenue
d'avant le temps, quand l'univers
est un projet sans promoteur.

La marée a défait la plage.
On s'y promène en sautant
par-dessus les ravines
du sable et des tas d'algues,
laminaires, chondrus et
cetera, tout déballés,
rates, salades phosphorées.
Le ruissellement de cela
fait dans ce qui reste de sable
des fuites d'eau vers le plus bas
où, paresseuse, joue la vague.
Elle avance puis reprend
la carapace vide
d'un jeune crabe, mort
pour s'être risqué
dans les grands courants
défendus par maman.
Les crabes ont la mort dure
et l'eau qui les foudroie
creuse des chambres souterraines
pour les ensevelir.
Toute la plage est ainsi
taraudée de catacombes
qu'éventre le talon impie.

Écris, il en restera
quelque chose,
des mots dans un cahier
et le souvenir des ciels
pâles tantôt, gris ou parfois
immensément, profondément bleus,
bleus d'azur sans bon sens,
bleus qui mènent au delà
de notre vie.
La mer simplifie le sens
de la planète,
aggrave l'horizon.
Près de moi, goélands
et mouettes
comme de gros poux blancs
prennent le vent
et la lumière.
Dans leur tête étroite
entre leurs yeux de résine
flotte un doigt d'eau salée
infiltrée pendant
la dernière tempête.
Leurs pattes derrière eux
ont gravé maints traités
de l'âme somnambule.

À sept heures déjà le jour ferme
    boutique.
Les goélands aussi se mettent
au plus neutre.
Ils ont à peine conscience
d'être ensemble. Ils digèrent
la mer, pertinents.
Tout plumes.
Le sacrifice sanglant
de la lumière à l'horizon
les laisse légers d'âme.
Trop de messes vaccine.
Symboles maritimes
de la poésie pour tous,
blanches faux de l'azur
lâchées en rond par tous les vents,
criaillantes pensées fendant du bec
la distance immobile,
les goélands font leur spectacle
par atavisme,
étonnés des yeux qui les mitraillent.
Mais une fois au sol,
quand la faune à casquette s'est retirée,
ils se clouent, se campent, gloussent
et glissent prestement
dans le néant.

La mer à marée douce
a filé
la couleur
d'un bout à l'autre
du jour qui naît.
Les écharpes du bleu
et du rose, assorties
à l'immatériel,
ont tendu leur soie
de part en part de l'eau
et du ciel.
Ici l'être commence.
Je suis son veilleur,
encore dans la nuit.
Un oiseau vertical
va dans les hauteurs
déclarer la lumière.
Il intercepte
le premier rayon
dans le temps et la joie
du matin
et se mue en miracle,
oblation plus blanche
que la foudre et le lys.

À cette heure, la lumière
migre de haut en bas.
La mer s'éclaire sous
le ciel caduc.
Un autre jour va disparaître
sans laisser de témoin.
Les mouettes ont voté pour la nuit.
Aucune n'a le regret
des instants écoulés, des vols
menés à force d'ailes
jusqu'au bout du respir,
des chances saisies
au bec.
La lueur du monde cale
inexorable
dans la soute d'eau.
Elle descend y éclairer
les pensées de roc
et d'algues, allumer
le mufle des
Quasimodos
de l'inframonde.
Opéra Dieu.
Chaînes. L'immonde.

Étonnant calice
d'eau.
La mer monte au point de merveille.
Les messagers du noir s'agenouillent
de part et d'autre. De rutilantes étoiles
s'allument dans leurs cheveux.
Un scintillement
des âmes
dispose au loin ses rampes.
Tout est universel. La piété
grimpe d'un bond. On entend
le concert des silences
qui tombe des espaces.
La nuit est religieuse.
Pourtant, Dieu n'y est pas.
Il n'est pas absent non plus
de la scène infinie.
La nuit tout simplement
se passe de lui.
Elle se passe
de nous aussi,
nous les consciences,
les désirants.
Nous, les intermittents.

Fatal infini noir
allumé çà et là
de minuscules ocelles de sang,
fatal rendez-vous
avec moi
d'autre part,
d'autre raison.
Je suis las, ô ma vie,
de la quête inaboutie
qui un jour
me ferme à tous
sans lendemain.
Cachot, cachot, je guette
des signes d'air,
j'écoute le lamento de la mer
repris tel quel
d'un bout à l'autre
du temps
et j'attends
toi,
je t'attends,
tu viens du fond
du souvenir
inépuisable.

Il y a des jours sans lumière
et pourtant la vie va son train
de radieuse folle, de bleue
marieuse de mer et ciel
avec toute la gamme des teintes,
les ton sur ton, les camaïeux,
les chemins pâles
sur l'eau reflétant l'intense
firmament, lucide
paravent des paradis.
La vie va le cours
de ses extases
et je suis comme en retrait
malgré la contagion
de l'eau, de l'air et du feu,
malgré l'assaut des douceurs,
il y a en moi
le vieux vide qui
fait cliché
et la désespérance obtuse,
l'idée que je ne suis pas vivant
et que j'usurpe mes chances,
mes bonheurs,
mon volume dans la lumière.

Toute la mer restée là
gardée par ses volailles,
et moi parti sur les chemins
de ma tristesse
rencontrer le désir
inexpiable.
Jeune fantôme
de mon enfance.
Ses yeux verts, rieurs,
visage étroit,
un corps mince et secret,
patine de seigneur.
Près de lui, dans l'aube,
j'ai vécu mille ans
de coupable terreur,
j'ai adoré sans recours
maudissant Dieu.
Ainsi Phèdre
exècre le soleil ancêtre
qui la soumet à l'impossible.
Ainsi l'amour
risible
écorche ses sujets
et leur rend la mort délectable.

Ma vie est un champ de tristesse
où ont poussé des amitiés
et un amour plus grand que moi,
plus grand que toutes les détresses,
un amour fait pour me bâtir
et m'enseigner le doux courage,
un amour de vagues et de sable
mêlant leurs mains et leurs baisers,
leurs mélopées de coquillages
et d'algues finement ourlées.
Je suis parfois seul sur la rive,
je suis tantôt à contrechant
à oublier ce qui me sauve
chaque jour de ma vie,
à comparer les infinis
adverses. Mais ce qui me perd
s'envole haut dans la lumière
rejoindre les bourreaux d'acier.
Me reste l'amour qui sauve
et qui recueille brin à brin
la paille des tendresses
au ras du sable et de l'eau,
entre les pas gravés
comme une amitié tranquille.

Sur le rivage,
un chahut de corneilles
malsonnantes
auxquelles répond en saccades
hystériques une mouette.
Le jour monte.
Entre les faces bleu sombre
de la nue et de la mer
s'allume le rose vif
de l'horizon. La vague
apporte sur la plage
l'ondulation lente
de l'illimité.
Au bout du train de stratus
à droite
va poindre le foyer
de tout,
forge des splendeurs,
adage des naissances.
Ce jour sera capable
d'azurs vibrants
étonnés de bernaches.
Leur aboi déjà
coud dans l'air
le faufil des passages.

Toute une troupe flotte
en lisière
de la plage. Baquets
de nuit montés
d'un périscope. Disciples
sans maître, ferventes
de l'aube qui les protège,
de l'eau qui les ballotte
comme des barques,
les oies toutes tournées
vers l'orient sauvage
attendent le rappel.
L'une s'épouille,
l'autre rince son bec.
Aucune ne mange.
Une extrême attention
aux signes du départ.
Le souffle des voyages
circule entre elles
comme leur sûr avenir.
Bientôt lâchées
dans les faveurs du vol,
elles fripent le matin clair.

À bras l'âme des pluies,
à bras le corps perdu,
la mer brassée à verse
dans la crise du vent.
La vague est un fracas
de rage sans répit,
étages confondus,
la lame racle le fond
et jette la plage à la plage.
Au large,
une colère avec le ciel
chicane en vain l'inexorable
ligne de l'horizon.
Plus loin que le regard,
les fauves glauques se déchirent
et se remettent. Tel l'enfer qui
brûle ses maudits sans fin,
toujours à neuf sous la torture.
La mer est un grand corps blessé
qui se roule sur ses rives
en quête de secours
et son mufle tonnant
s'abat en blanche fricassée
au pied de la mouette engourdie.

Et puis tout recommence,
l'air traversé de gifles d'eau,
le vent massif
déporté par le vent.
Je pense à toi qui n'es pas là,
à notre amour naguère au chaud
dans le chalet devant
la mer battante,
devant le monde et le temps
en dérive, toi et moi
forts l'un de l'autre malgré
vents et marées,
sang et sel courroucés.
Je suis seul devant la tempête
qui épuise une à une
les lumières du jour.
La pluie crépite sur la vitre
comme du grésil. Ainsi
l'âpre bourrasque
flagelle le désir.
Ainsi l'absence
te rend semblable, mon amour,
semblable à la flamme qui luit
seule contre toute la nuit.

Je t'aime, je t'écris
de but en blanc
depuis ma vie bloquée
contre la mer
et l'ennui long entre nous.
Tu es dans la grande maison
vide, les murs
ne rendent plus les sons,
les planchers comptent les pas,
tu es ailleurs, tu es de trop.
Et moi comme un gardien de phare
prisonnier de l'immense,
berger de vagues sans répit,
éternelles recommençantes,
brouteur moi-même de flots
à la façon des bécasseaux
j'appelle l'océan vide,
j'appelle au bout de la rumeur,
j'appelle et ta voix m'éblouit
comme la page lumineuse
où s'écrivent nos vies,
bâtons rompus de l'impossible,
nos vies faites de nos retours
au pourpre cœur de notre amour.

Après la tempête
la mer accueille officiellement
les nouveaux arrivés,
corps gonflés
au sourire mou,
aux prunelles de cellophane ;
corps qui flottent
parmi leurs vêtements ;
corps parfois étreints l'un l'autre
selon le caprice des houles
et tous lutés de solitude.
Debout ensemble
dans le salon glauque
où flambe un feu froid,
ils reçoivent les mots
de bienvenue prononcés
par l'Algue Sonnante.
Puis on leur distribue
la carte des chemins
où ils iront leur mort,
cent pieds sous les bateaux
non chavirés, sous les vagues
désenverguées
qui courent à leurs rendez-vous.

Les vagues affairées,
incessantes,
comme des mains
lissent la rive.
Du bout des doigts
elles poussent plus loin
les chaînes molles
de varech.
Mouettes et corneilles
se disputent la provende
pléthorique,
gonflent leur panse
noire ou blanche
et menacent du bec.
Leurs cris percent
le doux tonnerre
de la marée.
Jusqu'au large, l'eau affiche
la couleur de la terre
mêlée à des flaques d'azur.
Le ciel très bleu
excelle.
Le soleil, de sa foi,
soutient tout l'univers.

Tristesse d'être
et de n'être pas,
d'exister peu,
de vivre mal.
Pourtant la mer au loin
retirée bleue
fait signe.
Ses chemins
laqués de ciel
invitent au passage
et à la paix.
Passer, paître
dans la paix de dimanche,
oublier l'étroite
imposture
par où fuit le bonheur.
Je n'aurai jamais su
comment
me réparer.
Et toi, toi
que j'aime (à mots tout bas),
toi au loin retirée,
comment vis-tu la blessure
de m'aimer?

Loin, loin la mer,
loin vers le Nord total,
la course des reflets
à contre-vent,
loin chassée chassante
à force de mouettes
ensoleillantes,
et les rorquals obtus
portent le dais
haut de l'eau.
Fuite au bout du regard
de l'astre marin
avec ses airs
et ses lumières,
fuite du temps roulé
en façon de houle,
en forge d'images
hautes comme l'été.
Loin dans le bleu,
un mince avion
file sa laine,
course fragile
que sublime à mesure
l'espace véhément.

Chenue la mer
sous le ciel blanc
— ses airs de ville
sans édifices —
ville toute nue
et froide
où les papiers s'envolent
comme des mouettes.
Le matin
virtuel
tend au loin le ruban
de béton
du boulevard périphérique.
Les carrosses du rêve
y défilent sans trêve,
transportant les vivants
d'un bord à l'autre
de l'infini.
Ici la ville
toute nue
et froide
n'abrite plus âme qui vaille.
Invisibles,
les poissons y sont rois.

J'emporte avec moi la mer :
un coquillage un peu brisé
paré, sur son rude calcaire,
de mouchetures et de barbe tenace ;
un dos de crabe vert et bordeaux
menaçant comme une araignée
et gonflé d'air, faux cerf-volant ;
une autre coquille (en fait, une moitié)
qui laisse voir ses chambres
et tord sa flamme de pierre
— y monte, comme à Chambord,
un escalier à double hélice ;
et puis des galets de tout âge,
miettes du temps géologique
qui ont la saveur des volcans
ou des forêts cristallisées,
des alluvions, des cataclysmes,
des passés plus qu'antérieurs
et que la mer entre ses doigts
d'aïeule a caressés,
taillés, polis, refracassés
pour en faire des bijoux
humbles, sans prix, offerts à l'âme
médusée du quidam.

Le soleil pousse le brouillard
vers les désastres chimériques.
On dirait un jaune d'œuf
magistralement frais
dans l'albumen du jour blafard.
On dirait le grand sexe
indistinct,
vulve ou phallus,
quasar, trou noir,
chose épuisable et élastique
qui du fond
de son rayonnement
projette sur la mer
ses mille mains d'argent
et met la table
immensément
pour les volées criardes
et les chars de l'espace.
Ici amerriront
les milices futures
ou se dira la messe
du nouveau millénaire
au-dessus des colosses
hagards des fins fonds.

Le ciel d'eau lisse
s'est couché sur la lumière
bleue de la mer.
Un carnaval de mouettes
a tournoyé dans un bouillon
de cris.
Puis tout s'est éteint. Les soupiraux
de l'horizon se sont estompés.
La mer est redevenue
le fleuve lent halé
par son destin.
De surnaturels bateaux
le remontent parfois,
chargés d'obscurs contenus.
Ils rencontrent à angle droit
des rêves de métal
somnolents, leurs pareils.
Tout cela flotte et moud la houle
en évitant les catastrophes.
Devant ma fenêtre, au milieu
des bernaches dérivantes,
une bouée signale l'épave
du grand navire déchiré.
Le fleuve arrime ses naufrages.

Jour caduc. Des lueurs
ont beau franger les stratus,
la mer reste de plomb.
Avec la trâlée de ses leurres,
un chasseur dans sa barque
assassine le matin gris.
C'est l'automne, saison
des petits coffrets de bois
remplis de galets, de coquilles
et autres pensées de l'été,
de promenades sous l'étouffante
    lumière
bienfaisante,
le torse nu, comme avant
l'ère des mélanomes,
de désirs soudains et bruts
comme des éruptions de Vésuve
dans la torpeur des Pompéi,
c'était l'été, et tout rentre
maintenant dans les
petits coffres secs
à ranger au grenier des songes
pendant que les oies, deux coup
    sur coup,
dégringolent du ciel,
cou tranché, saisies, mortes.

La mer, opale azur et bleue
 et brune et bleue
et ses friselis et ses haies douces
 de mica
et ses sentinelles solitaires en forme
 d'oiseaux blanc et gris
et blanc et noir (seraient-ce des eiders?)
et ce train soutenu depuis le large
de faveurs apportées jusqu'au rivage,
interminable et pourtant
changeant spectacle de la nature
qui m'est donné à lire
à travers les mailles de métal
 de la moustiquaire,
nature encadrée, quadrillée,
stoppée.
Le souffle du dehors ne vient plus
 jusqu'à moi,
je suis retranché.
J'ai choisi la chaleur et le confort
 de l'écriture
plutôt que d'affronter le vent dur,
de m'enfoncer sous la vague glacée,
de marcher jusqu'au temple
où les espèces secrètes
ragent en rond.
Je ne connaîtrai pas les grands squales
ni les flétans à chair douce,
je reste au sec, prisonnier
des grilles, à jamais étranger
 aux grands fonds.

Écrire pour ne plus connaître
ni reconnaître.
Écrire pour s'enfoncer
dans l'impassible.
Ne plus rien sentir
de soi
ni de rien.
Écrire
à pleine main gourde.
L'espoir surgira
du passé
comme une fleur hypothétique.
Le passé c'était
un clos bien entouré.
Maintenant, maintenant
je ne pense plus
qu'à exister.
Nous sommes tous ainsi.
Le présent nous console
de demain.
Nous arriverons tous au jour
où c'est fini.
Où ce l'était
depuis toujours.
En attendant : écrire, écrire
comme adorer.

Au-dessus de la côte très loin,
des icebergs magenta et violets
électrisent le soir.
La mer est un diamant roux
allumé de frissons.
La mouette en arabesque
désinvolte se pose
parmi son couvent.
Tout va dormir quand le soleil
aura brûlé ses derniers restes
derrière l'église, à contre-dieu.
Je suis, ici, je suis, je reste
patient comme
et contre
la mer.
J'attends que le soir me délivre
du regret et de ma faim.
J'ai faim de toi, ma tendre au loin,
toi égarée parmi
les banquises vieux rose et parme,
les derniers vertiges du soir.
La nuit va croquer toute ronde
ma solitude
devant la fenêtre assoupie.

La mer est un lac de clarté
où se mire le ciel.
Le bleu renvoie au bleu,
la lumière fait choc
infiniment
dans la distance.
Le jour horizontal
comme une huître
écarte ses paumes
pierreuses. Il suffit
d'un banc de mouettes pâmées
rangées comme des croix sur la grève,
d'un avion léger
qui moud son refrain
cafardeux à décrocher
les nuages, il suffit
d'un autre jour au loin,
au bout du monde où tu n'es pas,
pour que le double azur sans limites
devienne la page
qui me dit ton absence
en quelques mots
poignants comme
le début de la mort.

La mer trop haute
joue son va-tout
de mouettes et de déchets
pêle-mêle
sur la grève. Des bois
avoisinent les tas
de varech pourri
où plongent les becs
frénétiques. La matière
avale la matière
et joue à l'ange
entre ses ailes.
Plus loin le ciel
ondule vaguement
sur son image d'eau.
La lumière
n'éclaire plus
que le trop-plein du monde.
Pas un trou,
pas une ombre
entre les mouettes
et l'immense appétit.
Partout le lait :
l'extrême lait.

Jour de varech.
La corneille bossue
est trempée de soleil.
Elle tient sous sa patte
un amas d'algues
et y fourre son bec
encore sale de cris.
L'eau, petit à petit,
monte vers sa fureur.
La mer lave
le sable
de ses meurtres.
L'oiseau rauque transporte
sa nuit ailleurs
en maudissant
la vague douce
et rieuse,
la vague aux doigts de ciel
bagués d'agates
qui courent de côté —
une émotion de doigts
sur le clavier
lumineux
des matières.

Coquille sacrée, ô
cosse émouvante,
buccin !
Le jour à travers toi
passe, laissant une ombre rose
et jaune, jaune ou rose
où se tapit un doux
silence.
Quel secret
de chair tendre
te gorge, coquillette
qui gardes la saveur salée
de la mer et du ciel,
des azurs et des dents
pilés ensemble ?
Chair amie
et subtile
où le songe des fonds
affleure, mufle
et baiser,
affouille,
tend une lèvre
à la nacre éblouie.

Mer consumée
de vastes rages,
mer qui tapes
le tambour de
sable crevé,
mer dévorée
de nostalgie
et de blessure
et
mer abîme,
abîme en toi,
mer froide et noire
et nez à nez
avec l'anguille,
mer électrique
sous le courroux
des ciels,
échevelée,
méduse
étoilée,
vase rompu,
chemin vers l'antre
des inconscients
de l'eau.

Les vagues bleues
de tous les bleus
réels et possibles
viennent battre,
cœur ensemble.
Le cristal mousse
au bord du sable.
Là-bas au large,
sous la voûte des flots
piquée de mouettes
de craie vive,
un conciliabule
réunit les graves
intelligences
des fonds.
Horizontaux
et immobiles,
les grands poissons du monde
mâchent leurs mots.
Ils décident de l'eau,
de la lumière et de la nuit,
de l'algue, de la mort.
Une seule saison régit
leur existence sous le temps.

C'est comme un vendredi
d'après le temps, un vendredi
où l'homme est immolé.
Il est trois heures.
De grands orages
traversent l'azur
dans le sens des courants
de l'air et de l'eau.
Le chaos peu à peu
descend vers le levant
laissé vacant.
Il faudra remplir
la case des ciels,
apprêter le soleil
après la nuit, noire émeraude,
fourbir les flambeaux
de l'être.
Il faudra entre
les apparences
relaxer le tonnerre
des voix aurores
et lâcher le cri pur
du jour
comme une salve sur la mer.

On n'entend plus la mer que comme
    le dernier reflux
tard, dans le soir, la mer chassée
    de ses vertus
de sel. On n'entend plus que la vague
    qui passe
et repasse sa navette dans les harpes
    couchées,
la rumeur incessante et acharnée
    de l'eau.

Quand la mer aura-t-elle fini
    de rebrasser
ses peines et ses torts, exilée
    de l'origine
où l'eau était fontaine adressée
aux bras de l'air et aux lèvres
    des pierres ?
Les grands poissons étaient les génies
    souriants
debout autour de la source, fantômes
    bleus
dont le cœur allumait les passions
    translucides.

Il ne reste ici que des fagots d'oiseaux,
mouettes et corneilles jetées en tas.
L'air dépérit. Le cargo de nuages
sombre dans l'espèce de nuit là-bas
parmi les plaies de l'ombre
    et les naufrages.

Une seule étoile au-dessus des débris
dicte sa lueur trop blanche,
    trop lointaine
pour nos yeux rétrécis par la honte.
Une étoile pour toute la mer harassée.

Luminosités étagées, de proche en loin.
C'est le temps des adieux.
        Un paquebot-nuage
passe au loin, passe *le* loin,
        pourtant immobile,
concrétion sans poids sur l'horizon.
La mer est violemment brune, mêlée
de roche. Demain, je remonte le fleuve
jusqu'à l'île serrée entre ses gratte-ciel,
        monde clos.
Demain, la pierre publique et ses robes
        de verre,
le combat de tous les jours contre
        l'histoire.
Ici, le fleuve
est éternel.
Personne ne meurt sur ses rives amies.
Mais le peuple vit jusqu'au bout l'île
        et son destin,
s'enferre dans la menterie variable,
sécurité, compassion, ouverture, avenir.
La modernité nette, internette,
        anglophone.
Rayez vos cœurs de droit, flanquez
        le fleuve à l'eau
parmi les souvenirs de votre humanité.
        Brillez
au-dessus des enfances, vains soleils
        astiqués,
illuminez la ville de vos raisons
        et démissions.

Je laisse derrière moi le fleuve droit
et sa face de mer tournée
vers tout le temps, futur, présent, passé.

Je laisse mon cœur seul décider
       de ma vie.

Table des matières

Le corps de l'amoureuse 7

Sait-on 11
Sait-on ce qui de toi à moi 12
Sait-on ce qui 13
Sait-on jamais 14
Qui t'aime, qui te force 15
Et puis on ne sait plus.................... 16
Oui, parfois, sait-on........................ 17
Après des nuits tranquilles 18
Et puis tu m'as aimé 19
C'est fini le sais-tu.......................... 20
Peut-être mon désir......................... 21
C'était bien notre vie...................... 22
Et puis comment savoir.................... 23
Je ne sais plus rien de nous deux... 24

Je t'aime, je t'écris 27

Les oiseaux sont partis.................... 33
Je fais le compte 34

Nu dans l'eau qui me troue............ 35
Blêmement la mer 36
Recommencer le temps................. 37
Le temps passe passablement........ 38
L'oiseau court au massacre............ 39
Prendre la mer à contre-raison 40
La femme vire dans l'empoigne
     du vent.................................. 41
La mer haute traîne sa lèvre d'eau... 42
Un homme entouré........................ 43
Quand les portées.................. 44
Au bord 45
La mer se lasse de ses jeux 46
Je n'arrive plus à aimer................. 47
Pierres claires 48
La lumière se brouille 49
À petit feu..................................... 50
Mer homosexuelle.......................... 51
L'instinct est un brasier................. 52
Un chuintement 53
L'aube déjà.................................... 54
La mer est parfois si loin............... 55
Le poème est une parole 56
Les cailloux mâchent la plage 57
L'adjectif est la chair..................... 58
Qui suis-je 59
Les signes connus.......................... 60
Telle est la mer.............................. 61
Marcher le vent.............................. 62
Fenêtre vide................................... 63
Toute la mer tonne 64
Et puis si je navigue...................... 65
Étalement de la lumière 66

La mer a tout pris 67
Les flaques de soleil 68
Les oiseaux calés........................... 69
La mer est à plat ce matin.............. 70
Il y a ceux qui ne reviennent plus... 71
La marée a défait la plage 72
Écris, il en restera 73
À sept heures déjà.......................... 74
La mer à marée douce 75
À cette heure, la lumière................ 76
Étonnant calice 77
Fatal infini noir.............................. 78
Il y a des jours sans lumière........... 79
Toute la mer restée là 80
Ma vie est un champ de tristesse ... 81
Sur le rivage.................................. 82
Toute une troupe flotte 83
À bras l'âme des pluies................... 84
Et puis tout recommence 85
Je t'aime, je t'écris 86
Après la tempête............................ 87
Les vagues affairées....................... 88
Tristesse d'être 89
Loin, loin la mer............................. 90
Chenue la mer 91
J'emporte avec moi la mer.............. 92
Le soleil pousse le brouillard.......... 93
Le ciel d'eau lisse 94
Jour caduc..................................... 95
La mer, opale azur 96
Écrire pour ne plus connaître 97
Au-dessus de la côte très loin........ 98
La mer est un lac de clarté............. 99

La mer trop haute 100

Jour de varech 101

Coquille sacrée 102

Mer consumée 103

Les vagues bleues 104

C'est comme un vendredi 105

On n'entend plus la mer 106

Luminosités étagées 108

AGMV Marquis

MEMBRE DU GROUPE SCABRINI

Québec, Canada
2000